WICHTELTÜR für WEIHNACHTEN

100 LIEBEVOLL GESTALTETE Wichtelbriefe

Zum Ausschneiden und sofort Verwenden

Vom Wichtel empfohlen

SABRINA HANSLIAN
ILLUSTRATORIN: KHAYALA ALIYEVA

Pro Famalia VERLAG

Liebe Leser/-innen

Sie haben Fragen, Anregungen oder Kritik zum Buch?

Wir freuen uns über eine Nachricht von Ihnen!

Schicken Sie Ihr Feedback gerne an

info@famalia.de

Sie sind zufrieden?!

Dann teilen Sie Ihre Erfahrung gerne unter:

Amazon.de

Jede Bewertung hilft dieses Buch weiter bekannt zu machen.

Vielen Dank.

Pro Famalia
VERLAG

1. Auflage 2022

ISBN: 978-3-9823842-3-8

Inhalt

Einleitung

Mit dem Erscheinen der Wichteltür kommen die Zauberei und die Magie in unser Haus. Der kleine Weihnachtswichtel bringt Freude und Wärme in die Herzen von Klein und Groß und er wird die Augen der Kinder zum Leuchten bringen.

Woher kommen die Wichtel

Es ist eine alte skandinavische Weihnachtstradition, dass Wichtel in der Weihnachtszeit bei uns einziehen. Die kleinen Wichtel heißen in jedem Land anders. In Dänemark und Norwegen wird der Wichtel meistens „Nisse“ genannt. Das ist eine Abkürzung von „Julinisse“. Dagegen heißt der kleine Weihnachtswichtel in Finnland und Schweden „Tomte“ oder „Tonttu“.

Die Weihnachtswichtel sind die fleißigen Helfer des Weihnachtsmanns. Sie fahren jede Nacht zum Nordpol ins Weihnachtsdorf. Dort unterstützen sie den Weihnachtsmann beim Einpacken der Geschenke, beim Keksebacken, beim Wunschzettellesen und vielem mehr. Am Tag schlafen die kleinen Wichtel dann in ihren Wichtelhäuschen. Wir bekommen die Wichtel daher niemals zu sehen. Das Einzige, was wir sehen, sind die Wichteltür und die Überreste seiner nächtlichen Aktionen.

Der Wichtel erzählt dem Weihnachtsmann von den Wünschen der Kinder, in deren Haus er wohnt. Die Kinder bekommen jeden Morgen einen kleinen Brief vom Weihnachtswichtel. Er überrascht sie mit einem kleinen Streich oder macht ihnen eine kleine Freude mit einem Rätsel oder einer Aufgabe. Daher kann man die Wichteltür auch gut mit dem klassischen Adventskalender kombinieren.

Der Weihnachtswichtel hat auch großen Spaß daran, die Wohnung weihnachtlich zu dekorieren und die Vorweihnachtszeit für die Familie magisch werden zu lassen. Auch wenn es den Kindern mal nicht so gut geht oder sie sehr traurig oder wütend sind, hilft der Wichtel ihnen und versucht, sie wieder aufzumuntern.

Leckere selbst gebackene Kekse liebt der Wichtel über alles. Aber auch andere Leckereien, die den Kindern gut schmecken, möchte der Wichtel gern probieren.

Wenn Ihnen der kleine Mitbewohner gefällt und Sie leuchtende Kinderaugen sehen wollen, dann lassen Sie doch dieses Jahr einen kleinen Wichtel bei Ihnen einziehen!

Die Wichteltür

Die Wichteltür kann man in ganz unterschiedlichen Formen und Farben kaufen. Sie sollte in einer ruhigen Ecke in der Wohnung oberhalb der Fußleiste angebracht werden. Für die Wichteltür ist unterschiedliches Zubehör erhältlich. Zum Grundzubehör zählen eine kleine Leiter vor der Fußleiste, ein Briefkasten, eine kleine Bank, ein Tannenbaum, ein Schlitten, eine kleine Lampe und die Stiefel des Wichtels. Es gibt aber noch sehr viel mehr Zubehör zur Wichteltür.

Die Wichteltür erscheint bei den meisten Familien in der Nacht zum 1. Dezember und bleibt bis zum Auszug des Wichtels an Weihnachten. Es ist eine kleine magische Tür, die niemals geöffnet werden darf. Öffnen die Kinder die Wichteltür, geht die Magie der zauberhaften kleinen Wichteltür wahrscheinlich verloren.

Über das Buch

In diesem Buch gibt es 100 Wichtelbriefe, die Sie unterstützen, die zauberhafte Adventszeit mit dem Wichtel zu erleben. Die fertigen Wichtelbriefe können einfach ausgeschnitten und sofort verwendet werden oder als Anregung dienen, eigene Wichtelbriefe zu verfassen. Sie können die Briefe eingerollt vor die Wichteltür legen oder Sie in den Briefkasten des Wichtelhäuschens stecken. Die Briefe können zu unterschiedlichen Zeitpunkten am Tag auftauchen. Ihr braucht die Aktionen auch nicht auf 24 zu beschränken, wie bei einem klassischen Adventskalender. Morgens kann der Wichtel beispielsweise mit einem Streich oder einer Überraschung starten, am Nachmittag schickt er die Familie auf einen Ausflug und am Abend legt er zum Einschlafen ein schönes Weihnachtsbuch vor die Wichteltür.

Aus der großen Anzahl an Wichtelbriefen können Sie sich eine persönliche Auswahl zusammenstellen, je nachdem, ob Sie lieber mit Ihren Kindern etwas basteln, dekorieren oder backen möchten oder ob der Wichtel den Kindern lustige Streiche spielen soll.

Die Wichtelbriefe in diesem Buch sind in sieben Kapitel unterteilt. Es gibt Wichtelbriefe

- **für besondere Tage.** Das ist beispielsweise der Einzugstag des Weihnachtswichtels, der Nikolaustag oder Heiligabend.
- **zum Streiche spielen.** Der Wichtel ist ein witziger Mitbewohner, der den Kindern gern kleine Streiche spielt. Er versteckt das Spielzeug der Kinder, gibt ihnen Rätsel auf oder isst den Kindern einfach mal das Frühstück weg.
- **zum Basteln und Dekorieren.** Der Wichtel hilft der Familie, das Haus weihnachtlich zu schmücken. Er hängt mit der Familie Lichterketten auf, bastelt mit den Kindern Sterne oder Teelichter und bemalt die Fenster.
- **zum Backen.** Der kleine Wichtel mag sehr gern Kekse und Kuchen. Er freut sich immer über etwas Selbstgebackenes wie beispielsweise Butterkekse mit Streuseln oder Bratapfelkuchen.
- **für größere Aktivitäten.** Sie gehören zur Weihnachtszeit, zum Beispiel den Wunschzettel zu schreiben oder einen Weihnachtsbaum auszusuchen.
- **für kleine Aktivitäten.** Der kleine Wichtel liebt es, den Kindern beim Spielen zuzusehen. Daher bereitet er kleine Aktivitäten wie malen, rätseln oder kneten vor. Er mag aber auch gern Abenteuer und Zauberei.
- **die zeigen, was den Wichtel traurig macht.** Wenn die Kinder mal krank sind, sich streiten oder lügen, schreibt der Wichtel den Kindern einen Brief, damit es allen schnell wieder besser geht.

Wer seine Kinder zum ersten Mal mit der Wichteltür überraschen möchte, wem die Auswahl an Aktivitäten zu groß ist oder wer sich lieber einen festen Ablauf wünscht, der findet am Ende des Buchs einen „**Anfänger-Guide**" vom ersten Dezember bis Weihnachten: einfach den genannten Wichtelbrief ausschneiden, hinlegen – fertig!

Ich wünsche Ihnen viel Freude mit Ihrem persönlichen Weihnachtswichtel, eine magische Weihnachtszeit und ein schönes Fest!

Sabrina Hanslian

Wichtelbriefe für besondere Tage

1. Der Wichtel zieht ein

Guten Morgen liebe Kinder,

habt ihr schon meine kleine Tür entdeckt?

Ich bin ein Weihnachtswichtel und wohne in der Adventszeit bei euch im Haus. Ihr werdet mich aber nie sehen können, weil ich jede Nacht im Weihnachtsdorf arbeite. Am Tag bin ich davon so müde, dass ich in meinem Wichtelhäuschen schlafe. Ich packe die Geschenke für die Kinder ein und helfe dem Weihnachtsmann bei den Vorbereitungen für ein schönes, besinnliches Weihnachtsfest.

Ich werde euch in den nächsten 24 Tagen immer wieder eine Freude machen und manchmal vielleicht auch einen kleinen Streich spielen.

Wenn Weihnachten vorbei ist, ziehe ich wieder aus und erhole mich von der aufregenden Weihnachtszeit.

Euer Weihnachtswichtel

2. Der Wichtel macht es sich gemütlich

Hallo liebe Kinder,

das war aber eine anstrengende Nacht! Ich bin gestern bei euch eingezogen und musste meine ganzen Kisten auspacken und mein Wichtelhäuschen sauber machen. Das war ganz schön viel Arbeit.

Jetzt ist mein Wichtelhäuschen fertig und es ist richtig gemütlich geworden. Mir fehlt aber noch ein schönes Weihnachtsbild für mein Wohnzimmer.

Habt ihr vielleicht Lust, mir ein Bild zu malen?

Ich würde mich sehr darüber freuen!

Euer Weihnachtswichtel

Wichtelbriefe für besondere Tage

3. Schuhe putzen

Hallo liebe Kinder,

ich bin schon ganz aufgeregt. Morgen ist es wieder so weit, der Nikolaus kommt.

In der Nacht habe ich sc hon mein Wichtelhäuschen aufgeräumt und meine Stiefel geputzt.

Wie sehen denn eure Stiefel aus?

Ich habe euch etwas zum Schuheputzen vor die Wichteltür gelegt. Damit könnt ihr eure Stiefel auf Hochglanz bringen.

Darüber freut sich der Nikolaus sehr und bringt euch bestimmt eine kleine Überraschung.

Euer Weihnachtswichtel

4. Die Nikolausüberraschung

Guten Morgen liebe Kinder,

habt ihr schon in eure Stiefel gesehen, ob der Nikolaus euch etwas Schönes gebracht hat?

Als ich heute Morgen vom Wichteldorf nach Hause kam, hatte mir der Nikolaus auch etwas in meine Stiefel getan. Ich habe Nüsse, Mandarinen, gebackene Kekse und einen kleinen Schokoladenweihnachtsmann bekommen. Das hat mich sehr gefreut!

Was ist denn in euren Stiefeln alles Schönes drin? Ich bin schon sehr gespannt!

Euer Weihnachtswichtel

Wichtelbriefe für besondere Tage

5. Das Nikolauslaufen

Hallo liebe Kinder,

geht ihr heute Abend zum Nikolauslaufen?

Ich finde Nikolauslaufen einfach schön. Alle freuen sich über die vielen schönen Gedichte und Lieder von den Kindern und die Kinder freuen sich sehr über ein paar Nüsse, eine Mandarine oder ein kleines Stück Schokolade.

Könnt ihr schon ein kleines Gedicht aufsagen? Mein Lieblingsgedicht ist:

Lieber guter Weihnachtsmann,
schenk mir einen Schokomann,
nicht so groß und nicht so klein,
aber niedlich soll er sein.

Ich wünsche euch viel Spaß beim Nikolauslaufen!

Euer Weihnachtswichtel

6. Heiligabend

Guten Morgen liebe Kinder,

heute ist der 24. Dezember, Heiligabend.

Ich habe in der Nacht im Weihnachtsdorf die letzten Vorbereitungen für das Weihnachtsfest erledigt. Alle Geschenke sind schön weihnachtlich verpackt und der Schlitten vom Weihnachtsmann ist bereits beladen.

Heute Abend kommt der Weihnachtsmann und ich bin schon sehr gespannt, was er euch Kindern für schöne Geschenke bringen wird.

Seid ihr auch schon etwas aufgeregt?

Euer Weihnachtswichtel

Wichtelbriefe für besondere Tage

7. 1. Weihnachtstag

Hallo liebe Kinder,

heute ist der 1. Weihnachtstag.

Ich habe in der Nacht mit meinen Wichtelfreunden im Weihnachtsdorf gemütlich zusammengesessen und wir haben uns über die Vorweihnachtszeit bei euch Kindern unterhalten. Wir haben uns erzählt, was die Kinder für großartige Sachen gemalt, gebastelt oder gebacken haben und über welchen Streich wir am meisten lachen mussten.

Heute Morgen habt ihr bestimmt schon mit euren schönen neuen Geschenken gespielt.

Über welches Geschenk habt ihr euch denn am meisten gefreut?

Euer Weihnachtswichtel

8. Der Wichtel zieht aus

Guten Morgen liebe Kinder,

meine Arbeit im Weihnachtsdorf ist vorbei und ich freue mich sehr auf meinen Urlaub. Vielleicht fahre ich zum Surfen ans Meer oder ich gehe zum Wandern in die Berge.

Leider muss ich jetzt Abschied von euch nehmen. Es hat mir sehr viel Freude gemacht, mit euch zusammen das Haus zu schmücken, zu backen und viele tolle Sachen zu machen. Auch die Streiche haben mir sehr viel Spaß gemacht.

Ich freue mich schon auf die nächste Vorweihnachtszeit, und vielleicht ziehe ich dann wieder bei euch ein.

Euer Weihnachtswichtel

Wichtelbriefe zum Streichespielen

9. Plötzlich ist die Milch grün

Der Wichtel möchte den Kindern beim Frühstück einen Streich spielen und die Milch rot oder grün färben.

Geben Sie dafür einen Tropfen rote oder grüne Lebensmittelfarbe in die Tasse Milch.

Guten Morgen liebe Kinder,

habt ihr schon gefrühstückt?

Als ich heute Morgen vom Weihnachtsdorf nach Hause kam, habe ich erst mal schön gefrühstückt. Es gab ein Brot mit Marmelade und eine Tasse Milch. Da hatte ich eine Idee!

Ich möchte euch das Frühstück noch etwas bunter gestalten.

Hihi, Prost!

Euer Weihnachtswichtel

10. Die Cornflakesparty!

Der Wichtel hatte heute Morgen einen großen Hunger auf Cornflakes. Er hat die Cornflakes der Kinder mit in sein Wichtelhäuschen genommen.

Legen Sie eine Spur aus Cornflakes von der Küche bis zur Wichteltür.

Guten Morgen liebe Kinder,

als ich heute von meiner Arbeit nach Hause kam, hatte ich großen Hunger.

Da habe ich die Cornflakes in der Küche gefunden. Die waren so lecker, dass ich sie einfach mitgenommen habe.

Heute Abend im Weihnachtsdorf lasse ich die anderen Wichtel auch davon probieren.

Hihi, aber ihr findet bestimmt noch etwas anderes zum Frühstück!

Euer Weihnachtswichtel

Wichtelbriefe zum Streichespielen

11. Buntes Toilettenpapier

Der Wichtel möchte das Badezimmer etwas weihnachtlicher dekorieren.

Malen oder schreiben Sie etwas Weihnachtliches auf die ersten 10 Blätter der Toilettenpapierrolle.

Hallo liebe Kinder,

ist euch im Badezimmer heute etwas aufgefallen?

Das ganze Haus sieht schon sehr weihnachtlich geschmückt aus, aber das Badezimmer habt ihr irgendwie vergessen.

Das habe ich jetzt für euch erledigt.

Hihi, jetzt macht das Pipimachen doppelt so viel Spaß!

Euer Weihnachtswichtel

12. Sterne aus Toilettenpapier

Der Wichtel hatte einen Stanzer mit einem Stern gefunden. Leider fehlte ihm das Papier dazu. Daher hat er einfach Toilettenpapier genommen.

Legen Sie die ausgestanzten Sterne des Toilettenpapiers vor die Wichteltür.

Hallo liebe Kinder,

wart ihr heute schon auf der Toilette?

Ich habe in der Nacht im Weihnachtsdorf das Geschenkpapier für Weihnachten gebastelt. Am besten haben mir die Sterne auf dem Geschenkpapier gefallen.

Bei euch zu Hause habe ich einen Stanzer gefunden und schöne Sterne ausgestanzt.

Hihi, habt ihr die Sterne schon gefunden?

Euer Weihnachtswichtel

Wichtelbriefe zum Streichespielen

13. Eine kleine Bootsfahrt

Der Wichtel möchte mit einem kleinen Papierboot auf dem Wasser fahren.

Füllen Sie das Waschbecken mit Wasser und lassen Sie ein gebasteltes Papierboot darin fahren.

Hallo liebe Kinder,

heute Nacht im Weihnachtsdorf hat mir ein Wichtelfreund von seinem letzten Urlaub erzählt. Er war auf einem großen Kreuzfahrtschiff und hat sich ganz viele Länder der Welt angesehen.

Ich möchte auch gern mit einem Schiff fahren. Daher habe ich mir ein buntes Boot gebastelt und bin losgefahren. Dabei bin ich ganz schön nass geworden.

Hihi, habt ihr mein Boot schon gefunden?

Euer Weihnachtswichtel

14. Ich bin heute ein Wichtel

Viele Kinder wünschen sich, selbst mal ein Wichtel zu sein. Sie würden gern dem Weihnachtsmann bei seinen Vorbereitungen im Weihnachtsdorf helfen.

Malen Sie den Kopf und die Schultern eines Wichtels auf den Badezimmerspiegel.

Hallo liebe Kinder,

ihr habt gestern erzählt, dass ihr auch gern mal ein Wichtel sein möchtet. Dann könntet ihr euch das Weihnachtsdorf ansehen, wo die Wichtel jeden Abend in der Adventszeit arbeiten gehen, und ihr könntet den Weihnachtsmann persönlich treffen.

Ich habe überlegt, wie ihr auch mal für einen kleinen Moment ein Wichtel sein könnt.

Hihi, seht mal in den Badezimmerspiegel!

Euer Weihnachtswichtel

Wichtelbriefe zum Streichespielen

15. Buntes Wasser in der Toilette

Der Wichtel möchte das Badezimmer etwas bunter gestalten.

Geben Sie ein paar Tropfen Lebensmittelfarbe in den Spülkasten der Toilette.

Hallo liebe Kinder,

bei der Arbeit im Weihnachtsdorf hat mir mein Wichtelfreund etwas Tolles erzählt. Er hat den Kindern in der Familie einen kleinen Streich gespielt. Den muss ich auch unbedingt mal ausprobieren. Das wird bestimmt lustig!

Wart ihr schon auf der Toilette?

Hihi, wer als Nächstes auf Toilette geht, bekommt eine bunte Überraschung!

Euer Weihnachtswichtel

16. Toilettenpapierschneemann

Der Wichtel baut sich einen Schneemann aus Toilettenpapierrollen.

Stapeln Sie drei Toilettenpapierrollen aufeinander und malen Sie auf die oberste Toilettenpapierrolle ein lustiges Schneemanngesicht.

Hallo liebe Kinder,

als ich heute Morgen von meiner Arbeit im Weihnachtsdorf nach Hause kam, wollte ich unbedingt einen Schneemann bauen, doch leider lag draußen nicht genug Schnee.

Daher habe ich überlegt, wie ich einen Schneemann ohne Schnee bauen kann.

Ich finde, er ist richtig lustig geworden.

Hihi, habt ihr den Schneemann schon gefunden?

Euer Weihnachtswichtel

Wichtelbriefe zum Streichespielen

17. Eine Mumie aus Kuscheltieren

Der Wichtel möchte sich eine Mumie aus Kuscheltieren machen.

Wickeln Sie zwei bis drei Kuscheltiere mit Toilettenpapier ein und verstecken Sie die Mumien in der Wohnung.

Hallo liebe Kinder,

vor dem Einschlafen habe ich eine Abenteuergeschichte aus Ägypten gelesen. Im Buch wurde erklärt, wie die Mumien früher gemacht wurden.

Da habe ich mir gedacht: Das kann ich auch!

Hihi, habt ihr die Mumien schon gefunden?

Wisst ihr auch, was sich in euren Mumien befindet?

Euer Weihnachtswichtel

18. Schneeballschlacht mit Papierkügelchen

Der Wichtel möchte eine Schneeballschlacht machen. Leider liegt draußen kein Schnee.

Stellen Sie kleine Schneebälle aus Papierkügelchen her und verteilen Sie diese in der Wohnung.

Hallo liebe Kinder,

als ich heute Morgen nach Hause kam, hatte ich noch Besuch von meinem Wichtelfreund. Wir wollten eine Schneeballschlacht machen, doch leider lag draußen kein Schnee. Da bastelten wir uns einfach Schneebälle aus Papier. Die Schneeballschlacht hat uns sehr viel Spaß gemacht.

Hihi, leider hatten wir keine Zeit mehr zum Aufräumen.

Euer Weihnachtswichtel

Wichtelbriefe zum Streichespielen

19. Ärmel der Jacken zusammenbinden

Der Wichtel spielt den Kindern einen Streich und bindet die Ärmel der Jacken zusammen.

Binden Sie mit einem Band die Ärmel der Jacken zusammen, sodass die Kinder nicht mehr mit den Händen durch den Ärmel schlüpfen können.

Hallo liebe Kinder,

in der Nacht im Weihnachtsdorf war es sehr kalt. Unsere Heizung ist ausgefallen und wir haben alle in unseren Jacken bei der Arbeit gesessen.

Als ich nach Hause kam, habe ich mir erst mal eine schöne heiße Schokolade gemacht und mich auf dem Sofa in meine Decke eingekuschelt.

Hihi, wart ihr heute schon draußen? Wie sehen denn eure Jacken aus?

Euer Weihnachtswichtel

20. Lustige Luftballons

Der Wichtel hat sich einen Scherz mit den Mützen der Kinder erlaubt.

Pusten Sie einen Luftballon auf, ziehen Sie dem Luftballon die Mütze der Kinder an und malen Sie auf den Luftballon ein lustiges Gesicht.

Hallo liebe Kinder,

heute Nacht im Weihnachtsdorf hatte ein Wichtel Geburtstag und wir haben eine große Überraschungsparty für ihn organisiert. Wir haben viel gesungen, getanzt und gelacht. Ich habe euch ein paar Luftballons mitgebracht.

Hihi, schaut mal, was man mit den Luftballons alles machen kann!

Was ist denn mit euren Mützen passiert?

Euer Weihnachtswichtel

Wichtelbriefe zum Streichespielen

21. Mmh, schmecken die Nüsse und die Schokolade lecker!

Der Wichtel hat die Nüsse und die Schokolade vom Weihnachtsteller aufgegessen.

Verteilen Sie etwas Schokoladenpapier und ein paar Nussschalen vor der Wichteltür.

Hallo liebe Kinder,

letzte Nacht habe ich in der Wichtelbäckerei gearbeitet. Dort haben wir leckere Schokoladenkekse und Nussplätzchen gebacken.

Als ich von der Arbeit nach Hause kam, hatte ich einen Riesenhunger auf Nüsse und Schokolade. Da habe ich den Weihnachtsteller im Wohnzimmer entdeckt.

Hihi, habt ihr auch schon etwas vom Weihnachtsteller genascht?

Euer Weihnachtswichtel

22. Ausgestanzte Brotscheiben

Der Wichtel hat sich aus den Brotscheiben der Kinder schöne Sterne, Lebkuchenmännchen, Tannenbäume usw. ausgestochen.

Stechen Sie mit Keksausstechförmchen schöne weihnachtliche Motive aus dem Brot aus.

Guten Morgen liebe Kinder,

letzte Nacht im Weihnachtsdorf hatte ich meine Brotdose zu Hause vergessen.

Als ich heute Morgen nach Hause kam, hatte ich großen Hunger auf ein schönes frisches Brot. Zum Frühstück gab es dann bei mir leckere Sternenbrote mit Käse und Marmelade.

Hihi, die Reste vom Brot habe ich liegen lassen, damit ihr auch noch etwas zum Frühstück habt.

Euer Weihnachtswichtel

Wichtelbriefe zum Streichespielen

23. Lustige Mandarinengesichter

Der Wichtel hat sich etwas Lustiges überlegt.

Malen Sie mit einem wasserfesten Stift lustige Gesichter auf die Mandarinen, Orangen und Bananen. Sie können auch gern Wackelaugen aufkleben.

Hallo liebe Kinder,

ich habe mir in der Nacht ein lustiges Rätsel für euch überlegt.

Dann passt mal gut auf!

Ihr sucht etwas, darauf habe ich lustige Gesichter gemalt. Es ist klein und rund, es ist orange, man kann es essen und es ist etwas sauer.

Hihi, habt ihr schon eine Idee?

Euer Weihnachtswichtel

24. Die Nudelüberraschung

Was ist denn da in meinem Schuh?

Der Wichtel hat in den Schuhen der Kinder rohe Nudeln versteckt. Sobald die Kinder ihre Schuhe anziehen, stoßen sie an etwas Eigenartiges.

Hallo liebe Kinder,

das wird wieder ein schöner Tag!

Ich glaube, es wird mal wieder Zeit für einen kleinen Streich.

Aber dieses Mal verrate ich nicht so viel. Nach dem Frühstück, wenn ihr euch anzieht, werdet ihr es schon entdecken.

Hihi, das wird ein Spaß!

Euer Weihnachtswichtel

Wichtelbriefe zum Streichespielen

25. Die Schuhreihe

Der Wichtel hat die Schuhe in einer langen Reihe aufgestellt.

Stellen Sie alle Schuhe in einer Reihe im Flur auf. Sortieren Sie die Schuhe am besten nicht paarweise, damit die Kinder ihre Schuhe suchen müssen.

Hallo liebe Kinder,

als ich von der Arbeit nach Hause kam, sind mir eure Schuhe aufgefallen. Wir Wichtel brauchen gar nicht so viele Schuhe, wir besitzen meist nur zwei Paar: unsere Hausschuhe und unsere Stiefel.

Ich habe eure Schuhe einfach mal schöner aufgestellt.

Hihi, viel Spaß beim Sortieren.

Euer Weihnachtswichtel

26. Wo ist denn bloß das Spielzeug?

Der Wichtel hat das Spielzeug der Kinder versteckt.

Verstecken Sie 6 kleine Spielzeugautos in der Wohnung, davon 2 im Kinderzimmer, 2 in der Küche und 2 im Wohnzimmer.

Hallo liebe Kinder,

gestern Nachmittag habe ich euch beim Spielen zugehört. Ich glaube, ihr habt Verstecken gespielt.

Ich möchte auch so gern mal wieder Verstecken spielen. Ich habe 6 kleine Spielzeugautos in der Wohnung versteckt. Findet ihr sie?

2 sind im Kinderzimmer, 2 in der Küche und 2 im Wohnzimmer versteckt.

Hihi, viel Spaß beim Suchen!

Euer Weihnachtswichtel

Wichtelbriefe zum Streichespielen

27. Die große Schlittenfahrt

Der Wichtel ist in der Nacht Schlitten gefahren.

Bauen Sie eine Rodelbahn für den Wichtel. Legen Sie hierfür einen Streifen weißen Tonkarton von oben nach unten auf die Treppe. Stellen Sie ein kleines leichtes Auto oben an die Treppe.

Hallo liebe Kinder,

im Weihnachtsdorf haben wir in der Nacht ein Schlittenrennen veranstaltet. Das hat uns sehr viel Spaß gemacht. Leider habe ich nicht gewonnen.

Als ich wieder zu Hause war, habe ich mir auf der Treppe eine kleine Rodelbahn gebaut, wo ich mit meinem Schlitten ganz schnell runterrodeln konnte.

Hihi, wollt ihr das auch mal mit euren kleinen Autos ausprobieren?

Euer Weihnachtswichtel

28. Das Autorennen

Der Wichtel fuhr in der Nacht ein Autorennen.

Basteln Sie eine kleine Zielflagge und befestigen Sie diese an der Wohnzimmertür. Stellen Sie ein paar Spielzeugautos in das Wohnzimmer und eins vor die Wichteltür.

Guten Morgen liebe Kinder,

in der Nacht habe ich Besuch von einem Wichtelfreund bekommen. Wir sind mit den kleinen Spielzeugautos um die Wette gefahren, von der Wohnzimmertür um den Tisch herum und zurück zur Tür. Das hat uns sehr viel Spaß gemacht. Ich hoffe, ihr konntet bei dem Lärm gut schlafen.

Leider habe ich es nicht mehr geschafft, die Autos zum Parkplatz zurückzufahren.

Hihi, macht ihr das bitte für mich?

Euer Weihnachtswichtel

Wichtelbriefe zum Streichespielen

29. Der Kinoabend

Der Wichtel hat in der Nacht mit seinen Kuschelfreunden einen Film angesehen.

Setzen Sie mehrere Kuscheltiere auf das Sofa, legen Sie die Fernbedienung daneben und verteilen Sie etwas Popcorn auf den Tisch.

Guten Morgen liebe Kinder,

als ich in der Nacht vom Weihnachtsdorf nach Hause kam, habe ich mir mit meinen Kuschelfreunden noch einen schönen Weihnachtsfilm angesehen. Wir haben es uns mit einer Portion Popcorn auf dem Sofa gemütlich gemacht.

Hihi, ich habe leider das ganze Popcorn aufgegessen. Mmh, das war mal wieder lecker!

Euer Weihnachtswichtel

30. Die Fernbedienung ist kaputt

Der Wichtel brauchte Batterien für seine kleinen Lampen im Wichtelhäuschen.

Nehmen Sie die Batterien aus der Fernbedienung heraus.

Guten Morgen liebe Kinder,

als ich heute Morgen in mein Wichtelhäuschen kam, war alles dunkel. Die Batterien aus meinen kleinen Lampen waren alle leer. Da ich leider keine neuen Batterien mehr finden konnte, habe ich mir einfach welche bei euch ausgeliehen.

Ich hoffe, es stört euch nicht!

Hihi, wisst ihr schon, wo bei euch die Batterien fehlen?

Euer Weihnachtswichtel

Wichtelbriefe zum Streichespielen

31. Wo ist der Tannenbaum versteckt?

Der Wichtel hat in der Wohnung einen gemalten Tannenbaum versteckt.

Malen Sie mit Zahnpasta einen Tannenbaum in das Waschbecken. Am besten Sie benutzen eine Zahnpasta mit einem grünen Streifen.

Hallo liebe Kinder,

wenn ich vom Weihnachtsdorf nach Hause fahre, komme ich immer durch einen kleinen Tannenwald. Zwischen den Tannenbäumen kann man sehr gut Verstecken spielen.

Ich habe heute in eurer Wohnung einen gemalten Tannenbaum versteckt. Wenn ihr ihn findet, gibt es eine kleine Überraschung für euch!

Hihi, habt ihr den Tannenbaum schon gefunden?

Euer Weihnachtswichtel

32. Das Wohnzimmer ist versperrt

Der Wichtel möchte ungestört im Wohnzimmer etwas dekorieren.

Sperren Sie das Wohnzimmer mit Bändern an der Wohnzimmertür ab. Wenn möglich befestigen Sie an den Bändern kleine Glöckchen.

Guten Morgen liebe Kinder,

wart ihr heute schon im Wohnzimmer?

Ich habe in der Nacht angefangen, euer Wohnzimmer etwas weihnachtlicher zu gestalten. Ich bin aber leider nicht fertig geworden und werde es später, wenn ich etwas geschlafen habe, zu Ende dekorieren. Bis dahin ist das Wohnzimmer für euch gesperrt.

Hihi, ich hoffe, ihr habt nichts Wichtiges im Wohnzimmer vergessen!

Euer Weihnachtswichtel

Wichtelbriefe zum Basteln und Dekorieren

33. Ein Windlicht basteln

Hallo liebe Kinder,

ich habe mir heute ein schönes Windlicht für mein Wichtelhäuschen gebastelt.

Habt ihr auch Lust, ein Windlicht für euer Fenster zu basteln?

Ich habe euch kleine Gläser, zwei Rollen Geschenkpapier, Scheren und Kleber vor die Wichteltür gestellt. Damit könnt ihr euch ganz einfach ein kleines Windlicht basteln.

Darüber würden sich bestimmt auch eure Omas, Opas, Tanten und Onkel zu Weihnachten freuen.

Viel Spaß beim Aufstellen und Verschenken!

Euer Weihnachtswichtel

34. Anhänger aus Salzteig

Hallo liebe Kinder,

letzte Nacht habe ich in der Wichtelbäckerei kleine Anhänger für die Geschenke gebastelt.

Ich habe kleine Weihnachtsmänner, Sterne und Tannenbäume aus Salzteig gemacht und sie schön bunt bemalt.

Habt ihr vielleicht auch Lust, ein paar Anhänger aus Salzteig für den Weihnachtsbaum zu basteln?

Ich habe euch schon mal das Rezept für den Salzteig und die Ausstechformen vor die Wichteltür gelegt. Die Zutaten für den Salzteig findet ihr bestimmt in der Küche.

Viel Spaß beim Basteln!

Euer Weihnachtswichtel

Wichtelbriefe zum Basteln und Dekorieren

35. Das Leuchten der Sterne

Hallo liebe Kinder,

wenn ich abends in das Weihnachtsdorf fahre, ist es draußen schon dunkel. Ich sehe mir gern die Sterne am Himmel an und entdecke jedes Mal einen neuen funkelnden Stern oder auch mal eine Sternschnuppe. Meistens träume ich von einem magischen Weihnachtsfest.

Habt ihr euch auch schon mal die Sterne am Himmel angesehen? Wie sie leuchten und funkeln!

Würdet ihr mir einen Stern für das Fenster basteln?

Ich habe euch schönes Papier, Stifte und eine Schere vor die Wichteltür gelegt.

Viel Spaß beim Basteln!

Euer Weihnachtswichtel

36. Ein Wichtel am Fenster

Hallo liebe Kinder,

Weihnachten kommt immer näher und mein Wichtelhäuschen ist schon festlich dekoriert.

Eure Wohnung sieht auch schon sehr weihnachtlich aus. Nur das Fenster im Wohnzimmer habt ihr noch nicht geschmückt.

Ich habe schöne bunte Farben gefunden. Damit könnt ihr bestimmt etwas Weihnachtliches an das Fenster im Wohnzimmer malen – vielleicht einen Weihnachtswichtel?

Viel Spaß beim Malen!

Euer Weihnachtswichtel

Wichtelbriefe zum Basteln und Dekorieren

37. Ein Bügelperlenbild machen

Hallo liebe Kinder,

ich habe in der Nacht mit meinem Wichtelfreund in der Wichtelwerkstatt gearbeitet.

Er hat mir ein Bügelperlenbild von einem Rentier gezeigt, das er von den Kindern, geschenkt bekommen hat. Mein Wichtelfreund hat sich sehr darüber gefreut.

Habt ihr nicht Lust, ein paar Bügelperlenbilder zum Anhängen an den Weihnachtsbaum zu machen?

Ich habe euch die Bügelperlen und die Vorlagen vor die Wichteltür gestellt.

Ich hätte auch gern ein Bügelperlenbild von einem Weihnachtsbaum!

Euer Weihnachtswichtel

38. Eine Weihnachtskugel bemalen

Hallo liebe Kinder,

im Weihnachtsdorf haben wir gestern unseren Weihnachtsbaum aufgestellt und ihn festlich geschmückt. Der Weihnachtsmann hatte sich gewünscht, dass jeder Wichtel eine Weihnachtskugel bemalt und sie am Baum aufhängt. Alle Wichtel haben mitgemacht und es war ein riesengroßer Spaß. Der Baum im Weihnachtsdorf ist dieses Jahr kunterbunt geworden.

Habt ihr vielleicht auch Lust, ein paar Weihnachtskugeln zu bemalen, die ihr dann an eurem Weihnachtsbaum aufhängt?

Ich habe euch die Kugeln und die Stifte zum Malen vor die Wichteltür gelegt.

Euer Weihnachtswichtel

Wichtelbriefe zum Basteln und Dekorieren

39. Kerzen verzieren

Hallo liebe Kinder,

gestern Abend im Weihnachtsdorf haben sich alle Wichtel in der Wichtelwerkstatt getroffen. Jedes Jahr treffen wir uns an einem Abend und verzieren Kerzen.

Überall im Weihnachtsdorf leuchtet und funkelt es jetzt in den Fenstern.

Habt ihr vielleicht auch Lust, heute eine Kerze zu verzieren?

Ich habe euch die Kerzen, die bunten Wachsplatten, die Ausstechformen und die Stanzer vor die Wichteltür gelegt.

Ich wünsche euch viel Spaß!

Euer Weihnachtswichtel

40. Einen Weihnachtswichtel basteln

Hallo liebe Kinder,

in der Vorweihnachtszeit bei uns im Weihnachtsdorf ist alles wunderschön dekoriert. Überall leuchtet und funkelt es in den Fenstern und der geschmückte Weihnachtsbaum steht vor der Wichtelwerkstatt.

Bei euch zu Hause sieht es auch schon richtig weihnachtlich aus.

Eins fehlt mir aber noch!

Ich wünsche mir noch einen großen gebastelten Weihnachtswichtel am Fenster.

Ich habe euch bunten Tonkarton, Stifte und Kleber vor die Wichteltür gelegt.

Viel Spaß beim Basteln!

Euer Weihnachtswichtel

Wichtelbriefe zum Basteln und Dekorieren

41. Ein Prickelbild machen

Hallo liebe Kinder,

als ich heute Morgen von der Arbeit im Weihnachtsdorf nach Hause kam, habe ich im Wohnzimmer ein Prickelbuch gefunden.

Ich kenne Prickeln überhaupt nicht!

Ich habe mir das Buch etwas genauer angesehen und ich glaube, dass euch das bestimmt großen Spaß machen würde.

Ich habe euch das Buch, den Prickelfilz, die Prickelnadeln, eine Schere und Stifte vor die Wichteltür gelegt.

Ich bin schon ganz gespannt, wie die Prickelbilder aussehen werden!

Viel Spaß beim Prickeln!

Euer Weihnachtswichtel

42. Lichterketten aufhängen

Hallo liebe Kinder,

bei uns im Weihnachtsdorf leuchtet und funkelt es überall. Auf den Wegen leuchten die Straßenlaternen, in den Fenstern hängen Lichterketten, auf den Fensterbänken stehen flackernde Kerzen und vor der Wichtelwerkstatt funkelt ein festlicher Weihnachtsbaum.

Ich habe euch heute zwei schöne Lichterketten aus dem Weihnachtsdorf mitgebracht. Vielleicht findet ihr einen schönen Platz zum Aufhängen.

Die beiden Lichterketten liegen vor der Wichteltür!

Euer Weihnachtswichtel

Wichtelbriefe zum Backen

43. Weihnachtskekse

Hallo liebe Kinder,

in der Nacht habe ich in der Wichtelbäckerei gearbeitet. Wir haben leckere Kekse gebacken: Butterkekse mit Streuseln und Schokokekse. Ich liebe Kekse über alles.

Ich durfte mir ein paar Kekse mit nach Hause nehmen, aber die habe ich schon alle auf der Rückfahrt aufgegessen.

Mmh, waren die lecker!

Habt ihr Lust zum Keksebacken?

Ich habe euch das Rezept für die Kekse vor die Wichteltür gelegt. Die Zutaten findet ihr in der Küche.

Backt mir bitte auch ein paar Kekse! Ich würde mich sehr darüber freuen.

Euer Weihnachtswichtel

44. Der Wichtel bedankt sich für die Kekse

Hallo liebe Kinder,

als ich mich gestern Abend auf den Weg ins Weihnachtsdorf machen wollte, standen vor meiner Wichteltür ein paar leckere Kekse.

Vielen lieben Dank dafür!

Ich habe auch gleich welche probiert. Sie waren sehr lecker!

Ich habe auch ein paar Kekse mit in das Weihnachtsdorf genommen, um sie mit meinen Wichtelfreunden zu teilen.

Sie haben sich alle sehr über die Kekse gefreut!

Euer Weihnachtswichtel

Wichtelbriefe zum Backen

45. Weihnachtskekse 2

Hallo liebe Kinder,

ich komme gerade aus dem Weihnachtsdorf nach Hause. In der Nacht habe ich in der Wichtelbäckerei leckere Kekse gebacken.

Ich habe den Teig zubereitet, die Kekse ausgestochen und nach dem Backen mit Streuseln bunt verziert.

Das hat mir sehr viel Spaß gemacht.

Ich habe euch etwas Keksteig aus der Wichtelbäckerei mit nach Hause gebracht. Ihr findet den Teig im Kühlschrank.

Ich wünsche euch viel Spaß beim Keksebacken und verzieren!

Euer Weihnachtswichtel

46. Zimtsterne

Hallo liebe Kinder,

ich habe mir gestern Abend den Weihnachtsmarkt in eurer Stadt angesehen. Der Markt war sehr schön geschmückt und es roch so herrlich nach Schmalzkuchen und gebrannten Mandeln.

Ich habe mir eine kleine Kerze für mein Wichtelhäuschen und leckere Zimtsterne gekauft.

Die Zimtsterne habe ich gleich gestern Abend aufgegessen.

Habt ihr vielleicht Lust, Zimtsterne zu backen?

Ich habe euch das Rezept vor meine Wichteltür gelegt.

Euer Weihnachtswichtel

Wichtelbriefe zum Backen

47. Waffeln am Stiel

Hallo liebe Kinder,

in der Nacht habe ich in der Wichtelbäckerei gearbeitet. Da hat mir ein Wichtelfreund von seiner Familie erzählt, bei der er zurzeit wohnt. In der Familie leben zwei Kinder und sie lieben Waffeln.

Mein Wichtelfreund hat sich etwas einfallen lassen, um die Familie zu überraschen. In der Wichtelbäckerei hat er leckere Waffeln gebacken. Dann hat er die Waffeln auf einen Stiel gesteckt und in Schokolade getunkt.

Sie sahen so lecker aus, dass ich auch welche für euch machen musste.

Die Waffeln stehen in der Küche!

Euer Weihnachtswichtel

48. Leckere Muffins

Hallo liebe Kinder,

als ich gestern in meinem Bettchen lag, haben sich eure Eltern unterhalten. Sie haben erzählt, dass ihr morgen Nachmittag Besuch bekommt.

Wollt ihr für Morgen vielleicht schöne Muffins backen? Die lieben doch alle Kinder!

Ich habe euch ein Rezept für Muffins vor meine Wichteltür gelegt.

Ich würde mich auch über einen schönen Muffin freuen!

Euer Weihnachtswichtel

Wichtelbriefe zum Backen

49. Bratapfelkuchen

Hallo liebe Kinder,

als ich gestern vom Weihnachtsdorf nach Hause gefahren bin, duftete es überall nach Zimt, Äpfeln und Rosinen. Da habe ich großen Appetit auf ein Stück Bratapfelkuchen bekommen.

Könntet ihr einen für mich backen? Bitte!

Ich würde mich sehr darüber freuen!

Das Rezept für den Kuchen habe ich vor meine Wichteltür gelegt und die Zutaten findet ihr in der Küche.

Ich kann es gar nicht abwarten, bis der Kuchen endlich fertig ist.

Euer Weihnachtswichtel

50. Schokoladenkuchen mit Sternen

Hallo liebe Kinder,

morgen kommt mich ein Wichtelfreund besuchen. Ich habe ihm schon viel von meiner wundervollen Familie erzählt, dass ihr mir geholfen habt, mein Wichtelhaus zu dekorieren und dass ihr mir auch öfter etwas Gebasteltes oder Gebackenes vor die Wichteltür gestellt habt.

Würdet ihr mir für morgen einen schönen Schokoladenkuchen backen?

Ich möchte meinen Wichtelfreund gern überraschen. Schokoladenkuchen ist nämlich sein Lieblingskuchen.

Ich habe euch das Rezept vor die Wichteltür gelegt!

Euer Weihnachtswichtel

Wichtelbriefe zum Backen

51. Lebkuchenhäuschen

Hallo liebe Kinder,

zur Weihnachtszeit gehört für mich auch ein schönes Lebkuchenhäuschen.

Es macht immer sehr viel Spaß, das Häuschen aufzubauen und zu verzieren.

Ihr möchtet bestimmt auch ein Lebkuchenhäuschen machen!

Ich habe euch die Lebkuchenplatten, die vielen bunten Süßigkeiten zum Dekorieren und den Puderzucker in die Küche gestellt.

Ich wünsche euch viel Spaß und ich bin schon ganz gespannt, wie euer Lebkuchenhäuschen aussehen wird!

Euer Weihnachtswichtel

52. Ein Bild vom Lebkuchenhäuschen

Hallo liebe Kinder,

ich habe mir euer Lebkuchenhäuschen angesehen. Es ist wunderschön geworden, das Dach und die Wände mit dem Schnee und den vielen Süßigkeiten, der schöne Zaun mit den bunten Streuseln und die Tannenbäume mit dem Pulverschnee.

Eigentlich fehlt nur noch ein kleiner Wichtel! Der würde bestimmt gern in dem kleinen Haus wohnen.

Das Lebkuchenhäuschen ist so schön geworden, könnt ihr mir vielleicht ein Foto von dem Häuschen machen oder mir ein Bild davon malen, damit ich es den anderen Wichteln im Weihnachtsdorf zeigen kann?

Euer Weihnachtswichtel

Wichtelbriefe für größere Aktivitäten

53. Wunschzettel schreiben

Guten Morgen liebe Kinder,

ich komme gerade vom Weihnachtsdorf nach Hause. Ich habe die ganze Nacht im Wichtelpostamt gearbeitet. Ich durfte die Wunschzettelbriefe der Kinder aufmachen. Ihr könnt euch gar nicht vorstellen, wie viele Wunschzettelbriefe aus der ganzen Welt in das Wichtelpostamt kommen.

Habt ihr denn schon euren Wunschzettel geschrieben und abgeschickt? Wenn nicht, wird es jetzt höchste Zeit, damit die Briefe auch noch alle pünktlich ankommen.

Ich habe euch einen Zettel für eure Wünsche vor meine Wichteltür gelegt. Heute Abend nehme ich ihn dann gleich mit ins Wichtelpostamt.

Euer Weihnachtswichtel

54. Ausflug auf den Weihnachtsmarkt

Hallo liebe Kinder,

in der Nacht habe ich in der Wichtelbäckerei gearbeitet. Wir haben Kekse und Kuchen für die Weihnachtszeit gebacken. In der Bäckerei hat es wundervoll gerochen, fast so wie auf dem Weihnachtsmarkt.

Auf dem Weihnachtsmarkt gibt es immer viele leckere Sachen zum Essen und man kann kleine Dekorationen für sein Wichtelhäuschen finden.

Habt ihr Lust auf einen Ausflug zum Weihnachtsmarkt?

Ich habe euch schon mal die Stiefel in den Flur gestellt.

Bringt mir bitte etwas mit!

Euer Weihnachtswichtel

Wichtelbriefe für größere Aktivitäten

55. Der Filmnachmittag

Hallo liebe Kinder,

nach der Arbeit im Weihnachtsdorf kam mich mein Wichtelfreund überraschend besuchen.

Wir haben uns einen gemütlichen Filmvormittag gemacht. Er hat einen Weihnachtsfilm und eine Tüte Popcorn mitgebracht.

Habt ihr auch Lust auf einen schönen Filmnachmittag mit der ganzen Familie?

Ich habe euch Popcorn und einen lustigen Weihnachtsfilm vor meine Wichteltür gestellt.

Viel Spaß beim Filmnachmittag!

Euer Weihnachtswichtel

56. Ins Kino gehen

Hallo liebe Kinder,

gestern Abend im Weihnachtsdorf haben sich alle Wichtel in der Wichtelwerkstatt versammelt.

Wir haben uns zusammen einen schönen Weihnachtsfilm angesehen, mit Popcorn und etwas zu trinken. Das hat uns allen sehr viel Spaß gemacht!

Habt ihr auch mal wieder Lust, mit der ganzen Familie ins Kino zu gehen?

In der Weihnachtszeit laufen immer die lustigsten Weihnachtsfilme im Kino, da ist bestimmt auch etwas für euch dabei!

Ich habe euch den Flyer für das Kino vor die Wichteltür gelegt.

Viel Spaß im Kino!

Euer Weihnachtswichtel

Wichtelbriefe für größere Aktivitäten

57. Einen Schneemann bauen

Hallo liebe Kinder,

im Weihnachtsdorf hat es geschneit. Wir haben einen riesengroßen Wichtelschneemann gebaut. Er sah sehr lustig aus. Wir haben aus der Wichtelküche einen großen Kochtopf für den Hut und zwei Kochlöffel für die Arme bekommen. Aus der Süßigkeitenwerkstatt haben wir uns eine Zuckerstange für die Nase und Bonbons für die Augen und den Mund geholt. So einen lustigen Schneemann habe ich noch nie gebaut.

Baut ihr auch einen Schneemann?

Ich habe euch eine Mütze, einen Schal, eine Karotte für die Nase, Steine für die Augen und den Mund und Äste für die Arme vor die Haustür gelegt.

Euer Weihnachtswichtel

58. Schlittenfahren

Hallo liebe Kinder,

als ich heute Morgen aus dem Weihnachtsdorf nach Hause kam, hatte es geschneit. Ich habe schnell meinen Schlitten aus dem Wichtelhäuschen geholt, mir einen schönen großen Hügel gesucht, und bin mit meinem Schlitten ganz schnell den Berg heruntergerodelt.

Das hat vielleicht Spaß gemacht, ich wollte am liebsten gar nicht mehr aufhören.

Habt ihr auch Lust zum Schlittenfahren?

Ich habe schon mal eure Schlitten in den Flur gestellt.

Viel Spaß auf der Rodelbahn.

Euer Weihnachtswichtel

Wichtelbriefe für größere Aktivitäten

59. Oma und Opa besuchen

Hallo liebe Kinder,

als ich gestern noch in meinem Wichtelbettchen lag, habe ich mitbekommen, dass ihr heute Oma und Opa besuchen fahrt.

Ich bin immer so gern bei meinen Großeltern gewesen. Ich habe mit meinem Opa Spiele gespielt und mit meiner Oma gesungen und Musik gemacht. Zum Kaffee gab es immer leckeren Kuchen und Kekse.

Das wird für euch heute bestimmt ein sehr schöner Ausflug!

Ich wünsche euch viel Spaß! Und wenn es leckere Kekse gibt, dann denkt bitte an mich, und bringt mir welche mit.

Euer Weihnachtswichtel

60. Mit Freundinnen und Freunden backen

Hallo liebe Kinder,

heute bekommt ihr Besuch von euren Freundinnen und Freunden. Ihr wollt zusammen leckere Kekse backen, spielen und ganz viel Spaß haben.

Ich freue mich auch immer über Besuch in meinem Wichtelhäuschen. Wir spielen Spiele, singen, tanzen und essen immer leckere selbst gebackene Kekse.

Ich habe euch schon mal ganz viele bunte Streusel und die Ausstechförmchen zum Keksebacken vor die Wichteltür gelegt. Dann macht das Backen mit euren Freundinnen und Freunden noch mehr Spaß.

Das wird ein toller Nachmittag!

Euer Weihnachtswichtel

Wichtelbriefe für größere Aktivitäten

61. Der Weihnachtsbaum

Hallo liebe Kinder,

endlich ist es so weit. Heute holt ihr mit der ganzen Familie euren Weihnachtsbaum.

Ich habe gestern auf dem Rückweg vom Weihnachtsdorf einen kurzen Halt in einem kleinen Wichtelwald gemacht. Da habe ich mir meinen Weihnachtsbaum für mein Wichtelhäuschen geschlagen. Es war gar nicht so einfach, sich für einen Baum zu entscheiden. Wie groß soll er sein? Passt er durch meine Wichteltür? Kann ich ihn auch auf meinem Schlitten nach Hause bringen?

Ich bin gespannt, für welchen Baum ihr euch entscheidet, und wünsche euch viel Spaß dabei!

Euer Weihnachtswichtel

62. Den Weihnachtsbaum schmücken

Hallo liebe Kinder,

Weihnachten steht vor der Tür und es ist Zeit, den Weihnachtsbaum in das Wohnzimmer zu holen.

Die ganze Familie hilft mit, den Baum festlich zu schmücken.

Wie wird euer Baum wohl aussehen?

Ist oben auf dem Baum ein leuchtender Stern oder eine glitzernde Spitze? Gibt es echte Kerzen am Baum oder eine leuchtende Lichterkette? Welche Farbe haben die Kugeln? Und was für schöne selbst gebastelte Sachen hängen von euch Kindern am Baum?

Ich bin schon so gespannt!

Euer Weihnachtswichtel

Wichtelbriefe für kleine Aktivitäten

63. Ein gemaltes Bild

Hallo liebe Kinder,

ich bin gerade von meiner Arbeit im Weihnachtsdorf zurück. Ich habe die Nacht im Wichtelpostamt gearbeitet und mir die Briefe der Kinder angesehen. Viele Kinder haben auf ihrem Wunschzettel etwas Schönes gemalt.

Vielleicht habt ihr auch Lust, mir ein schönes weihnachtliches Bild zu malen?

Ich habe euch Stifte und Papier vor meine Wichteltür gelegt.

Ich würde mich sehr darüber freuen.

Euer Weihnachtswichtel

64. Schnitzeljagd mit Puzzleteilen

Hallo liebe Kinder,

als ich gestern in meinem kleinen Wichtelbett lag, habe ich euch beim Spielen zugehört. Puzzeln hat euch sehr viel Spaß gemacht.

Als ich heute Morgen nach Hause kam, hatte ich auch Lust zum Puzzeln. Da kam mir eine lustige Idee: eine Schnitzeljagd mit Puzzleteilen.

Ich habe 5 fehlende Puzzleteile im Haus versteckt. Wenn ihr alle Teile gefunden habt, gibt es eine kleine Überraschung. 1. Hinweis: Das erste Puzzleteil und der zweite Hinweis sind im Kinderzimmer versteckt, dort wo es richtig kuschelig ist.

Ich wünsche euch viel Spaß beim Suchen!

Euer Weihnachtswichtel

Wichtelbriefe für kleine Aktivitäten

65. Unordnung im Kinderzimmer

Guten Morgen liebe Kinder,

gestern Abend war ich kurz in eurem Kinderzimmer. Ich wollte mir das Buch mit den Weihnachtsgeschichten ausleihen. Als ich in das Zimmer ging, habe ich mich erschrocken. Überall lag Spielzeug auf dem Boden. Ich habe mich vorsichtig zum Bücherregal geschlichen, um das Buch zu holen, aber das Buch habe ich in diesem Durcheinander leider nicht finden können. Auf dem Rückweg zur Tür ist es dann passiert. Ich bin über ein Spielzeugauto gestolpert und habe mir am Knie wehgetan.

Ich glaube, es wird Zeit, dass ihr mal wieder euer Kinderzimmer aufräumt.

Euer Weihnachtswichtel

66. Der Wichtel hat etwas verloren!

Hallo liebe Kinder,

als ich heute Morgen nach Hause kam, habe ich noch ein bisschen im Wohnzimmer gespielt. Dabei muss ich irgendwo meine Wichtelmütze liegengelassen haben. Ich kann sie leider nicht wiederfinden. Der Weihnachtsmann wird nicht glücklich sein, wenn ich ohne die Wichtelmütze zur Arbeit komme.

Könnt ihr mir vielleicht helfen, die Wichtelmütze wiederzufinden?

Wenn ihr sie findet und mir vor meine Wichteltür legt, bekommt ihr auch eine kleine Überraschung.

Vielen Dank für eure Hilfe!

Euer Weihnachtswichtel

Wichtelbriefe für kleine Aktivitäten

67. Wichtellämpchen anzünden

Hallo liebe Kinder,

im Weihnachtsdorf ist alles hell erleuchtet. Die Wege werden von Straßenlaternen beleuchtet, in den Fenstern leuchten die Lichterketten, auf den Fensterbänken stehen flackernde Kerzen und der Weihnachtsbaum steht leuchtend vor der Wichtelwerkstatt.

Wenn ich aber von meiner Arbeit im Weihnachtsdorf nach Hause komme, ist es hier sehr dunkel.

Könnt ihr mir bitte abends mein Lämpchen vor der Wichteltür anzünden, und vielleicht eine Laterne vor die Haustür stellen?

Darüber würde ich mich sehr freuen!

Euer Weihnachtswichtel

68. Feuerholz besorgen

Hallo liebe Kinder,

jetzt ist es draußen richtig kalt geworden. Ohne meine Handschuhe und meinem Schal gehe ich nicht mehr raus.

Auf dem Weg vom Weihnachtsdorf nach Hause ist mir immer sehr kalt. Wenn ich im Wichtelhäuschen ankomme, zünde ich erst mal den Kamin an, kuschle mich in meine Decke und trinke eine heiße Schokolade.

Leider habe ich heute bemerkt, dass ich nicht mehr viel Holz für meinen Kamin zu Hause habe.

Würdet ihr mir helfen und Feuerholz für meinen Kamin besorgen? Ihr könnt es einfach vor meiner Wichteltür stapeln.

Vielen lieben Dank!

Euer Weihnachtswichtel

Wichtelbriefe für kleine Aktivitäten

69. Weihnachtsgedichte

Hallo liebe Kinder,

es ist Weihnachtszeit und zur Weihnachtszeit gehören für mich schöne Gedichte.

Mein Lieblingswichtelgedicht zu Weihnachten ist:

Der Weihnachtswichtel
Ich verschönere dir die stillste Zeit im Jahr,
bin ich auch klein und unsichtbar.
Du siehst mich nicht, doch spürst du mich –
dein Weihnachtswichtel denkt an dich!

Was ist denn euer Lieblingsweihnachtsgedicht?

Könnt ihr es mir vielleicht aufsagen?

Ich würde mich sehr darüber freuen!

Euer Weihnachtswichtel

70. Weihnachtslieder

Hallo liebe Kinder,

ich liebe die Weihnachtszeit.

Bei der Arbeit in der Wichtelwerkstatt singen wir die ganze Zeit. Das macht uns allen sehr viel Spaß.

Mein Lieblingsweihnachtslied ist:

Lasst uns froh und munter sein

Was ist denn euer Lieblingsweihnachtslied?

Habt ihr vielleicht Lust auf einen gemütlichen Nachmittag, an dem die ganze Familie zusammen Weihnachtslieder singt?

Singt aber bitte laut genug, damit ich auch zuhören kann!

Euer Weihnachtswichtel

Wichtelbriefe für kleine Aktivitäten

71. Eine Weihnachtsgeschichte

Hallo liebe Kinder,

oft mache ich es mir in meinem Wichtelhäuschen mit ein paar leckeren Keksen und einem Becher heißer Schokolade gemütlich. Ich kuschle mich in meine Decke auf dem Sofa ein und lese schöne Weihnachtsbücher.

Am liebsten lese ich Weihnachtsgeschichten über Wichtel.

Lest ihr auch so gern Weihnachtsbücher wie ich?

Ich habe euch mein Lieblingsbuch vor die Wichteltür gelegt.

Lest die Geschichte bitte laut vor, ich möchte gern zuhören!

Euer Weihnachtswichtel

72. Ein Weihnachtswitz

Hallo liebe Kinder,

wie ihr schon mitbekommen habt, liebe ich es, euch auch mal kleine Streiche zu spielen.

Was ich aber außerdem noch gern mag, sind Witze – und am liebsten Weihnachtswitze.

Mein Lieblingsweihnachtswitz ist:

*Fragt die Mutter den kleinen Lasse nach Weihnachten: **„Warum liegt dein neuer Teddy denn in der Tiefkühltruhe?“***

*Lasse antwortet: **„Ich möchte einen Eisbären aus ihm machen.“***

Kennt ihr auch noch einen lustigen Witz zu Weihnachten? Dann her damit!

Euer Weihnachtswichtel

Wichtelbriefe für kleine Aktivitäten

73. Weihnachtskarten schreiben

Hallo liebe Kinder,

jedes Jahr zu Weihnachten schreibe ich Weihnachtskarten für meine Familie. Darüber freut sich meine Familie immer sehr.

Habt ihr denn dieses Jahr schon eure Weihnachtskarten für die Familie und Freundinnen und Freunde geschrieben?

Ihr könnt gern auch etwas Weihnachtliches auf die Karten malen.

Ich lege euch die Weihnachtskarten und Stifte vor meine Wichteltür.

Ich wünsche euch viel Spaß beim Schreiben und Malen!

Euer Weihnachtswichtel

74. Familienfotos machen

Hallo liebe Kinder,

gestern im Weihnachtswichteldorf haben wir von jedem Wichtel Fotos gemacht und natürlich auch eins mit allen Wichteln zusammen. Ich werde meine Fotos in die Weihnachtskarten für meine Wichtelfamilie und meine Wichtelfreunde legen. Darüber freuen sie sich immer sehr.

Habt ihr auch schon Familienfotos für Weihnachten gemacht?

Lächeln bitte!

Euer Weihnachtswichtel

Wichtelbriefe für kleine Aktivitäten

75. Etwas kneten

Guten Morgen liebe Kinder,

ich bin gerade wieder zurück von meiner Arbeit im Weihnachtsdorf.

In der Nacht gab es sehr viel zu tun. Ich habe in der Wichtelwerkstatt gearbeitet und aus Knete kleine Sterne, Rentiere, Tannenbäume, Weihnachtsmänner und Wichtel gebastelt. Das hat mir großen Spaß gemacht.

Habt ihr vielleicht auch Lust zum Kneten?

Ich habe euch ein paar Töpfe mit Knete vor die Wichteltür gestellt.

Viel Spaß!

Euer Weihnachtswichtel

76. Ein Bild vom Wichtel malen

Hallo liebe Kinder,

in der Nacht habe ich im Wichtelpostamt gearbeitet. Ich habe mir die Wunschzettel der Kinder angesehen. Einige Kinder haben ein Bild von sich gemalt und in den Wunschzettel gelegt.

Als ich von der Arbeit im Weihnachtsdorf nach Hause kam, habe ich versucht ein Bild von mir zu malen. Das Bild sah sehr komisch aus. Es hat mir nicht so gut gefallen.

Ich habe euch das Bild von mir, etwas Papier und Stifte vor die Wichteltür gelegt!

Vielleicht möchtet ihr mal versuchen, ein schönes Bild von mir zu malen!

Euer Weihnachtswichtel

Wichtelbriefe für kleine Aktivitäten

77. Frühstückstisch decken

Guten Morgen liebe Kinder,

heute bin ich schon etwas früher vom Weihnachtsdorf nach Hause gefahren.

Ich habe für euch in der Küche eine kleine Überraschung vorbereitet.

Ich bedanke mich bei euch herzlich. Ihr habt mich so gut in eurer Familie aufgenommen, als würde ich schon immer dazugehören. Ich habe schon viele kleine Geschenke von euch bekommen, und wenn ich euch mal einen kleinen Streich gespielt habe, seid ihr nie böse auf mich gewesen.

Ich fühle mich hier sehr wohl, und dafür bedanke ich mich bei euch.

Ich wünsche euch ein schönes Frühstück!

Euer Weihnachtswichtel

78. Schnee schippen

Guten Morgen liebe Kinder,

als ich heute Morgen nach Hause kam, hat es sehr stark geschneit. Ich konnte kaum noch die Straße sehen und wäre fast an eurem Haus vorbeigefahren.

Bevor ich mich in mein kleines Bettchen gelegt habe, war ich noch draußen zum Schnee schippen. Das war ganz schön viel Arbeit.

Jetzt bin ich sehr müde davon und muss erst mal ein bisschen schlafen.

Vielleicht geht ihr nachher noch nach draußen zum Schlittenfahren oder Schneemannbauen.

Ich wünsche euch noch einen schönen verschneiten Tag.

Euer Weihnachtswichtel

Wichtelbriefe für kleine Aktivitäten

79. Gesellschaftsspiele spielen

Hallo liebe Kinder,

nach der Arbeit im Weihnachtsdorf haben sich alle Wichtel in der Wichtelwerkstatt getroffen. Jeder hatte aus seinem Wichtelhäuschen ein Spiel mitgebracht. Die haben wir heute Morgen dann alle zusammen gespielt.

Ich spiele am liebsten „Monopoly“!

Was ist denn euer Lieblingsspiel?

Habt ihr Lust auf einen Spielenachmittag?

Vor meiner Wichteltür habe ich euch heute einen riesengroßen Spieleturm aufgebaut. Da werdet ihr bestimmt für jeden etwas Schönes zum Spielen finden.

Ich wünsche euch viel Spaß beim Spielenachmittag!

Euer Weihnachtswichtel

80. Ein Rätsel lösen

Hallo liebe Kinder,

wenn ich manchmal gemütlich auf meinem Sofa sitze, mit ein paar Keksen und einer heißen Schokolade, dann hole ich mir mein Rätsel- und Spielebuch aus dem Schrank und rätsle. Manchmal kann ich gar nicht wieder aufhören.

Ich mache am liebsten Labyrinthe, Fehler finden, Malen nach Zahlen und Punkt zu Punkt.

Rätselt ihr auch gern?

Ich habe euch heute ein Rätselbuch vor die Wichteltür gelegt. Vielleicht habt ihr auch mal wieder Lust zum Rätseln.

Euer Weihnachtswichtel

Wichtelbriefe für kleine Aktivitäten

81. Verwackelte Fotos

Guten Morgen liebe Kinder,

heute Morgen im Wohnzimmer habe ich das Smartphone von eurer Mama gefunden. Ich wollte mir unbedingt mal ansehen, was man alles damit machen kann.

Aber ich weiß nicht genau, wie das Smartphone funktioniert. Was ist eigentlich so großartig an einem Smartphone? Außer der Kamera habe ich nichts Interessantes entdeckt.

Leider kamen bei mir nur verwackelte Bilder raus. Ich habe euch eins davon vor die Wichteltür gelegt.

Wisst ihr wie die Kamera funktioniert? Könnt ihr mir dabei helfen?

Ich hätte so gern ein Foto von meinem Wichtelhäuschen, um es den anderen Wichteln zu zeigen!

Euer Weihnachtswichtel

82. Das Lego®-Weihnachtsdorf

Hallo liebe Kinder,

als ich heute Morgen nach Hause kam, habe ich eure Lego®steine gefunden.

Ich habe mir überlegt, was man Schönes mit den Steinen bauen könnte. Ich würde gern das Weihnachtsdorf nachbauen, mit der Wichtelwerkstatt und dem Weihnachtsbaum davor, der Wichtelbäckerei und dem Wichtelpostamt und natürlich dem Weihnachtsmann mit seinem Schlitten und den Rentieren.

Habt ihr vielleicht Lust, mir dabei zu helfen? Ich habe schon mal mit der Wichtelwerkstatt und dem Weihnachtsbaum angefangen.

Euer Weihnachtswichtel

Wichtelbriefe für kleine Aktivitäten

83. Ein Wichtel kommt zu Besuch

Hallo liebe Kinder,

Morgen früh bekomme ich Besuch von einem anderen Wichtel. Ich habe ihn schon lange nicht mehr gesehen. Er war mein bester Freund, als ich noch so klein war wie ihr. Er möchte sich mein Wichtelhäuschen ansehen und wir wollen Spiele spielen.

Ich habe gehört, dass ihr auch einen Freund oder eine Freundin besuchen wollt – oder kommen sie zu euch?

Ich bin schon sehr aufgeregt. Könnt ihr bitte noch etwas Leckeres zu essen und zu trinken vor meine Wichteltür stellen?

Euer Weihnachtswichtel

84. Ein Hörspiel anhören

Hallo liebe Kinder,

gestern Nachmittag bin ich plötzlich aufgewacht. Ich habe ganz viele Stimmen gehört, die ich vorher noch nie gehört hatte.

Ich habe mich aus meinem Wichtelhäuschen geschlichen, um zu sehen, wo diese Stimmen herkommen.

Ich habe euch im Wohnzimmer auf dem Sofa sitzen sehen. Ihr habt euch ganz ruhig eine Geschichte angehört.

Später habe ich euch von einem Hörbuch sprechen hören. Das kannte ich vorher noch nicht. Ich fand es richtig schön zuzuhören.

Könnt ihr mir am Abend auch mal ein Hörbuch anschalten? Das wäre schön!

Euer Weihnachtswichtel

Wichtelbriefe für kleine Aktivitäten

85. Eine Nachtwanderung

Hallo liebe Kinder,

als ich heute vom Weihnachtsdorf nach Hause kam, waren alle Lichter aus. Ich hätte fast nicht mein Wichtelhäuschen gefunden. Zum Glück hatte ich meine Taschenlampe dabei.

Habt ihr schon mal eine Nachtwanderung gemacht?

Macht doch heute Abend, wenn es dunkel ist, einen kleinen Spaziergang. Ihr könnt euch die schönen weihnachtlich beleuchteten Häuser und Gärten ansehen.

Ich habe euch Taschenlampen vor meine Wichteltür gestellt.

Viel Spaß bei der Nachtwanderung!

Euer Weihnachtswichtel

86. Vögel füttern

Hallo liebe Kinder,

viele Tiere finden im Winter nur sehr schlecht Futter. Gerade die Vögel und Eichhörnchen haben es schwer.

Im Weihnachtsdorf haben wir ein Vogelhaus für die Vögel und ein Futterhaus für die Eichhörnchen aufgestellt.

Ich habe gesehen, dass ihr im Garten auch ein Vogelhäuschen stehen habt.

Ich habe euch einen Sack Vogelfutter vor die Wichteltür gestellt. Streut bitte eine Handvoll Körner in das Vogelhäuschen und auf die Fensterbank. Dann können wir die Vögel gut beobachten.

Viel Spaß beim Füttern und Beobachten der kleinen Vögel.

Euer Weihnachtswichtel

Wichtelbriefe für kleine Aktivitäten

87. Das Zauberpulver

Hallo liebe Kinder,

heute ist es Zeit für etwas Zauberei!

Ich habe euch einen kleinen Teller und etwas von meinem Zauberpulver vor die Wichteltür gestellt.

Kennt ihr schon mein Zauberpulver?

Ihr müsst einen kleinen Gegenstand abends auf den Teller legen und etwas Zauberpulver darüber streuen. Nun müsst ihr bis morgen früh warten, und durch Zauberei verwandelt sich der Gegenstand in etwas Neues.

Probiert es doch einfach mal aus!

Mal sehen, was aus dem Gegenstand wird!

Vielleicht ein Schokoladentaler oder …?

Euer Weihnachtswichtel

88. Zauberpulver und Gummiband

Hallo liebe Kinder,

heute ist es Zeit für etwas Zauberei!

Ich habe euch einen kleinen Teller und etwas von meinem Zauberpulver vor die Wichteltür gestellt.

Kennt ihr schon mein Zauberpulver?

Legt ein Gummiband auf den kleinen Teller und streut etwas Zauberpulver darüber. Nun müsst ihr etwas warten, und durch Zauberei verwandelt sich das Gummiband in etwas Neues. Mal sehen, was aus dem Gummiband wird! Vielleicht ein Luftballon oder …?

Probiert es doch einfach mal aus!

Euer Weihnachtswichtel

Wichtelbriefe für kleine Aktivitäten

89. Zauberpulver und Ei

Hallo liebe Kinder,

heute ist es Zeit für etwas Zauberei!

Ich habe euch einen kleinen Teller und etwas von meinem Zauberpulver vor die Wichteltür gestellt.

Kennt ihr schon mein Zauberpulver?

Legt ein Ei aus dem Kühlschrank auf den kleinen Teller und streut etwas Zauberpulver darüber. Nun müsst ihr etwas warten, und durch Zauberei verwandelt sich das Ei in etwas Neues. Mal sehen, was aus dem Ei wird! Vielleicht ein Überraschungsei oder …?

Probiert es doch einfach mal aus!

Euer Weihnachtswichtel

90. Zauberpulver und Teelicht

Hallo liebe Kinder,

heute ist es Zeit für etwas Zauberei!

Ich habe euch einen kleinen Teller und etwas von meinem Zauberpulver vor die Wichteltür gestellt.

Kennt ihr schon mein Zauberpulver?

Legt ein Teelicht auf den kleinen Teller und streut etwas Zauberpulver darüber. Nun müsst ihr etwas warten, und durch Zauberei verwandelt sich das Teelicht in etwas Neues. Mal sehen, was aus dem Teelicht wird! Vielleicht eine Lichterkette oder …?

Probiert es doch einfach mal aus!

Euer Weihnachtswichtel

Was macht den Wichtel traurig

91. Nicht streiten!

Hallo liebe Kinder,

ich bin heute so müde, ich konnte überhaupt nicht schlafen. Ich bin immer wieder aufgewacht und habe euch streiten gehört.

Streiten mag ich überhaupt nicht.

Wenn ich mich mal mit einem anderen Wichtel streite, dann versuchen wir, an etwas Schönes zu denken, was wir an dem anderen Wichtel ganz toll finden. Dann ist der Streit meistens ganz schnell wieder vergessen. Versucht das doch bei eurem nächsten Streit auch mal.

Euer Weihnachtswichtel

92. Einander helfen!

Hallo liebe Kinder,

ich habe gestern mitbekommen, dass es Ärger gab, weil ihr nicht mithelfen wolltet.

Ich kenne das auch, manchmal hat man gar keine Lust mit anzupacken. Aber dann sage ich mir immer: „Andere helfen mir auch, wenn ich Hilfe brauche“. Dann fällt mir das Mithelfen gleich viel leichter.

Gemeinsam geht es sowieso viel schneller und macht auch viel mehr Spaß!

Euer Weihnachtswichtel

Was macht den Wichtel traurig

93. Lügen haben kurze Beine!

Hallo liebe Kinder,

ich liebe es, anderen einen Streich zu spielen, aber das wisst ihr ja schon.

Lügen darf man aber nicht.

Kennt ihr das Sprichwort „Lügen haben kurze Beine“? Damit ist gemeint, dass man besser gleich die Wahrheit sagt, wenn einem etwas passiert, weil es ohnehin irgendwann rauskommt. Wenn man beim Lügen erwischt wird, ist alles noch viel schlimmer als vorher – und wenn jemand immer wieder Lügen erzählt, glauben die anderen irgendwann nichts mehr.

Denkt mal drüber nach!

Euer Weihnachtswichtel

94. Teilen macht Spaß!

Hallo liebe Kinder,

gestern habe ich mitbekommen, dass das mit dem Teilen bei euch nicht so gut geklappt hat.

Warum eigentlich nicht? Teilen macht doch Spaß!

Ich bin immer glücklich, wenn ich meine Spielsachen oder Süßigkeiten mit einem anderen Wichtel teilen kann. Denn beim nächsten Mal darf ich auch mit den Spielsachen der anderen Wichtel spielen oder bekomme von den tollen selbst gebackenen Keksen welche ab.

Ich liebe Kekse! Würdet ihr mir vielleicht welche von euren selbst gebackenen Keksen abgeben? Darüber würde ich mich riesig freuen!

Euer Weihnachtswichtel

Was macht den Wichtel traurig

95. Nicht hauen!

Hallo liebe Kinder,

es gibt manchmal Situationen, da weiß man einfach nicht weiter. Man ist traurig, wütend oder verletzt und würde den anderen am liebsten wehtun. Aber hauen darf man nicht! Das bringt auch nichts, denn danach fühlt man sich noch schlechter und der Streit wird immer schlimmer.

Wenn ich mich mal mit einem anderen Wichtel ganz doll streite, versuche ich, noch mal mit dem Wichtel zu sprechen und eine Lösung zu finden.

Wenn ich aber so richtig wütend bin, gehe ich erst mal raus und schreie einmal ganz laut. Dann geht es mir meistens wieder viel besser. Probiert es mal aus!

Euer Weihnachtswichtel

96. Alles geht schief!

Hallo liebe Kinder,

an manchen Tagen hat man das Gefühl, dass irgendwie alles schiefgeht.

Darüber sollte man sich nicht so ärgern. Wenn man weiß, warum etwas nicht funktioniert hat, kann man es beim nächsten Mal einfach besser machen. Wenn man hingegen nichts dafür konnte, dann braucht man sich auch nicht zu ärgern.

In der Nacht im Weihnachtsdorf habe ich mir aus Versehen meinen warmen Kakao über meine Hose gekippt. Darüber habe ich mich sehr geärgert. Beim nächsten Mal stelle ich einfach meinen Becher etwas weiter auf den Tisch, dann passiert mir das nicht noch einmal.

Euer Weihnachtswichtel

Was macht den Wichtel traurig

97. Die Kinder sind erkältet

Hallo liebe Kinder,

ich habe mitbekommen, dass ihr etwas krank seid.

Das macht mich immer etwas traurig, wenn es jemandem nicht gut geht.

Wenn ich krank bin, kuschle ich mich in meine Decke ein, trinke noch einen schönen heißen Tee mit Honig und schlafe mich richtig aus. Wenn ich wieder aufwache, geht es mir meistens schon viel besser.

Vor meiner Wichteltür liegen noch ein paar Hustenbonbons und ein Päckchen Taschentücher für euch!

Gute Besserung und werdet schnell wieder gesund!

Euer Weihnachtswichtel

98. Der Wichtel hat sich wehgetan

Hallo liebe Kinder,

ich bin in der Nacht schon früh nach Hause gekommen, denn ich habe mich gestern im Weihnachtsdorf verletzt. Aua!

Ich bin in der Wichtelwerkstatt über ein Spielzeug gestolpert und auf mein Knie gefallen. Es hat ganz schön wehgetan und auch etwas geblutet. Meine Wichtelfreunde waren sofort bei mir und haben mich getröstet und in den Arm genommen. Das hat mir sehr geholfen.

Könnt ihr mir vielleicht ein schönes Pflaster für mein Knie vor die Wichteltür legen? Das würde mir sehr helfen!

Euer Weihnachtswichtel

Was macht den Wichtel traurig

99. Die Kinder haben etwas kaputtgemacht

Guten Morgen liebe Kinder,

ich bin etwas traurig!

Als ich gestern Abend zum Arbeiten ins Weihnachtsdorf fahren wollte, war vor meiner Wichteltür ein großes Durcheinander. Vieles war umgekippt oder lag in der Ecke.

Es ist euch wahrscheinlich aus Versehen beim Spielen passiert und ihr habt es gar nicht bemerkt.

Ich habe schon mal angefangen, wieder Ordnung vor meiner Wichteltür zu schaffen. Es wäre aber lieb von euch, wenn ihr mir dabei helfen könntet!

Euer Weihnachtswichtel

100. Zu viel Fernsehen!

Hallo liebe Kinder,

als ich gestern in meinem Bettchen lag habe ich euch reden gehört. Ihr seid oft zu euren Eltern gelaufen und habt gefragt, ob ihr nicht etwas Fernsehen dürft.

Den ganzen Tag nur vor dem Fernseher sitzen ist doch langweilig, außerdem verpasst man dann ganz viele schöne Sachen. Es macht viel mehr Spaß sich mit seinen Freunden zu treffen, etwas zu malen und zu basteln oder mit der Familie Gesellschaftsspiele zu spielen.

Lasst den Fernseher lieber mal aus!

Euer Weihnachtswichtel

Bonus I: Briefpapier-Vorlagen für eigene Wichtelbriefe

Bonus I: Briefpapier-Vorlagen für eigene Wichtelbriefe

Bonus I: Briefpapier-Vorlagen für eigene Wichtelbriefe

Bonus I: Briefpapier-Vorlagen für eigene Wichtelbriefe

Bonus II: Anfänger-Guide

1. Dezember

Der Wichtel zieht ein

Der Wichtel zieht in die Wohnung ein und stellt sich den Kindern vor.

Legen Sie den Wichtelbrief von Seite 9 vor die Wichteltür.

> ***Habt ihr schon meine kleine Tür entdeckt?***

2. Dezember

Der Wichtel macht es sich gemütlich

Der Wichtel wünscht sich ein Weihnachtsbild für sein Wohnzimmer.

Legen Sie den Wichtelbrief von Seite 9 vor die Wichteltür.

> ***Habt ihr vielleicht Lust, mir ein Bild zu malen?***

3. Dezember

Wunschzettel schreiben

Der Wichtel möchte mit den Kindern den Wunschzettel schreiben.

Legen Sie den Wichtelbrief von Seite 61 und einen Wunschzettel vor die Wichteltür.

> ***Habt ihr schon euern Wunschzettel geschrieben?***

Eine Weihnachtsgeschichte

Der Wichtel möchte mit den Kindern eine Weihnachtsgeschichte lesen.

Legen Sie den Wichtelbrief von Seite 79 und ein Weihnachtsbuch vor die Wichteltür.

> ***Lest ihr auch so gern Weihnachtsbücher wie ich?***

4. Dezember

Ausflug auf den Weihnachtsmarkt

Der Wichtel möchte mit den Kindern zum Weihnachtsmarkt fahren.

Legen Sie den Wichtelbrief von Seite 61 vor die Wichteltür und stellen Sie die Schuhe in den Flur.

> ***Habt ihr Lust, auf einen Ausflug zum Weihnachtsmarkt?***

5. Dezember

Schuhe putzen

Der Wichtel möchte mit den Kindern die Stiefel für Nikolaus putzen.

Legen Sie den Wichtelbrief von Seite 11 und etwas zum Schuheputzen vor die Wichteltür.

> ***Wie sehen denn eure Stiefel aus?***

6. Dezember

Die Nikolausüberraschung

Der Wichtel ist schon sehr gespannt, was der Nikolaus Schönes gebracht hat.

Legen Sie den Wichtelbrief von Seite 11 vor die Wichteltür.

> ***Habt ihr schon in eure Stiefel gesehen?***

Das Nikolauslaufen

Der Wichtel möchte mit den Kindern Nikolauslaufen gehen. Er bringt den Kindern ein kleines Gedicht bei.

Legen Sie den Wichtelbrief von Seite 13 vor die Wichteltür.

> ***Geht ihr heute Abend zum Nikolauslaufen?***

7. Dezember

Sterne aus Toilettenpapier

Der Wichtel spielt den Kindern einen Streich. Er stanzt Sterne aus Toilettenpapier aus.

Legen Sie den Wichtelbrief von Seite 19 und die ausgestanzten Sterne vor die Wichteltür.

> ***Habt ihr die Sterne schon gefunden?***

Eine Nachtwanderung

Der Wichtel möchte mit den Kindern eine kleine Nachtwanderung machen.

Legen Sie den Wichtelbrief von Seite 93 und Taschenlampen vor die Wichteltür.

> ***Habt ihr schon mal eine Nachtwanderung gemacht?***

8. Dezember

Ein Bügelperlenbild machen

Der Wichtel möchte mit den Kindern Bügelperlenbilder machen und sie am Weihnachtsbaum aufhängen.

Legen Sie den Wichtelbrief von Seite 45, die Bügelperlen und die Vorlagen vor die Wichteltür.

Habt ihr Lust, ein paar Bügelperlenbilder zu machen?

9. Dezember

Feuerholz besorgen

Der Wichtel hat nicht mehr genug Feuerholz für den Kamin. Die Kinder sollen Feuerholz sammeln.

Legen Sie den Wichtelbrief von Seite 75 vor die Wichteltür.

Sammelt ihr mir Feuerholz für meinen Kamin?

Zauberpulver und Ei

Der Wichtel zaubert für die Kinder aus einem Hühnerei ein Überraschungsei.

Legen Sie den Wichtelbrief von Seite 97, einen kleinen Teller und das Zauberpulver vor die Wichteltür.

Kennt ihr schon mein Zauberpulver?

10. Dezember

Weihnachtskekse

Der Wichtel möchte mit den Kindern Weihnachtskekse backen.

Legen Sie den Wichtelbrief von Seite 51 und das Rezept vor die Wichteltür.

Habt ihr Lust zum Keksebacken?

11. Dezember

Der Wichtel bedankt sich für die Kekse

Der Wichtel möchte sich für die selbst gebackenen Kekse bedanken.

Legen Sie den Wichtelbrief von Seite 51 vor die Wichteltür.

Vielen lieben Dank für die leckeren Weihnachtskekse!

Der Filmnachmittag

Der Wichtel möchte mit den Kindern einen gemütlichen Filmnachmittag machen.

Legen Sie den Wichtelbrief von Seite 63, einen lustigen Weihnachtsfilm und Popcorn vor die Wichteltür.

> ***Habt ihr Lust, auf einen schönen Filmnachmittag mit der Familie?***

12. Dezember

Der Wichtel hat etwas verloren!

Der Wichtel hat in der Wohnung seine Wichtelmütze verloren und möchte, dass die Kinder ihm beim Suchen helfen.

Legen Sie den Wichtelbrief von Seite 73 vor die Wichteltür.

> ***Könnt ihr mir helfen, meine Wichtelmütze wiederzufinden?***

13. Dezember

Die große Schlittenfahrt

Der Wichtel ist in der Nacht Schlitten gefahren.

Legen Sie den Wichtelbrief von Seite 35 vor die Wichteltür. Bauen Sie aus weißem Tonkarton eine kleine Rodelstrecke auf die Treppe und stellen Sie ein kleines, leichtes Auto oben an den Start.

> ***Habt ihr Lust, ein Schlittenrennen mit euren Autos zu machen?***

14. Dezember

Schnitzeljagd mit Puzzleteilen

Der Wichtel möchte mit den Kindern eine Schnitzeljagd machen.

Legen Sie den Wichtelbrief von Seite 71 vor die Wichteltür. Verstecken Sie fünf Puzzleteile in der Wohnung. Schreiben Sie fünf kleine Hinweiszettel. Der erste Hinweis steht bereits im Wichtelbrief.

> ***Habt ihr Lust zu einer Schnitzeljagd?***

15. Dezember

Eine Weihnachtskugel bemalen

Der Wichtel möchte mit den Kindern Weihnachtskugeln bemalen.

Legen Sie den Wichtelbrief von Seite 45, die Kugeln und Stifte vor die Wichteltür.

Habt ihr Lust, ein paar Weihnachtskugeln zu bemalen?

16. Dezember

Die Nudelüberraschung

Der Wichtel möchte den Kindern einen Streich spielen.

Legen Sie den Wichtelbrief von Seite 31 vor die Wichteltür und verstecken Sie rohe Nudeln in die Schuhe der Kinder.

Ich glaube, es wird mal wieder Zeit für einen kleinen Streich!

Ein gemaltes Bild

Der Wichtel wünscht sich ein gemaltes Bild von den Kindern.

Legen Sie den Wichtelbrief von Seite 71, Stifte und Papier vor die Wichteltür.

Habt ihr Lust, mir ein schönes weihnachtliches Bild zu malen?

17. Dezember

Lebkuchenhäuschen

Der Wichtel möchte mit den Kindern ein Lebkuchenhäuschen bauen und verzieren.

Legen Sie den Wichtelbrief von Seite 59 vor die Wichteltür. Stellen sie die bunten Streusel, die Süßigkeiten, den Puderzucker und die Lebkuchenplatten in die Küche.

Möchtet ihr ein kleines Lebkuchenhäuschen bauen?

18. Dezember

Der Weihnachtsbaum

Heute möchte der Wichtel mit den Kindern den Weihnachtsbaum holen.

Legen Sie den Wichtelbrief von Seite 69 vor die Wichteltür.

Holt ihr heute euren Weihnachtsbaum?

Ein Bild vom Lebkuchenhäuschen

Der Wichtel möchte gern ein Foto oder ein gemaltes Bild vom Lebkuchenhäuschen haben.

Legen Sie den Wichtelbrief von Seite 59 vor die Wichteltür.

Das Lebkuchenhäuschen ist wunderschön geworden!

19. Dezember

Das Lego®-Weihnachtsdorf

Der Wichtel möchte gern mit den Kindern das Weihnachtsdorf aus Lego®steinen nachbauen.

Legen Sie den Wichtelbrief von Seite 89 vor die Wichteltür und bauen Sie aus Lego®steinen die Wichtelwerkstatt und den Weihnachtsbaum auf.

Habt ihr Lust, das Weihnachtsdorf mit Lego®steinen nachzubauen?

20. Dezember

Ein Windlicht basteln

Der Wichtel möchte mit den Kindern ein Windlicht basteln.

Legen Sie den Wichtelbrief von Seite 41, kleine Gläser, zwei Rollen Geschenkpapier, Scheren und Kleber vor die Wichteltür.

Habt ihr Lust, ein Windlicht zu basteln?

21. Dezember

Wo ist denn bloß das Spielzeug?

Der Wichtel hat 6 kleine Spielzeugautos in der Wohnung versteckt.

Legen Sie den Wichtelbrief von Seite 33 vor die Wichteltür und verstecken Sie 2 Autos im Kinderzimmer, 2 Autos in der Küche und 2 Autos im Wohnzimmer.

Heute spielen wir Verstecken!

22. Dezember

Waffeln am Stiel

Der Wichtel möchte Waffeln für die Kinder backen.

Legen Sie den Wichtelbrief von Seite 55 vor die Wichteltür. Backen Sie Waffeln und stecken sie die Waffeln auf einen Stiel. Tauchen Sie die Waffeln in Schokolade und stellen Sie sie in die Küche.

Mmh, sehen die lecker aus!

Vögel füttern

Der Wichtel möchte mit den Kindern die Vögel füttern.

Legen Sie den Wichtelbrief von Seite 93 und einen Sack Vogelfutter vor die Wichteltür.

Heute beobachten wir die Vögel.

23. Dezember

Den Weihnachtsbaum schmücken

Der Wichtel möchte mit den Kindern den Weihnachtsbaum schmücken.

Legen Sie den Wichtelbrief von Seite 69 vor die Wichteltür.

Wie wird der Baum wohl aussehen?

24. Dezember

Heiligabend

Der Wichtel ist schon ganz aufgeregt. Was wird der Weihnachtmann den Kindern für Geschenke bringen?

Legen Sie den Wichtelbrief von Seite 13 vor die Wichteltür.

Seid ihr schon etwas aufgeregt?

25. Dezember

1. Weihnachtstag

Der Wichtel fragt die Kinder nach den Geschenken.

Legen Sie den Wichtelbrief von Seite 15 vor die Wichteltür.

Über welches Geschenk habt ihr euch am meisten gefreut?

26. Dezember

Der Wichtel zieht aus

Der Wichtel zieht aus und bedankt sich für die schöne Weihnachtszeit.

Legen Sie den Wichtelbrief von Seite 15 vor die Wichteltür.

Leider muss ich jetzt Abschied von euch nehmen!

Weitere Bücher zur Buchserie „Wichteltür für Weihnachten"

WICHTELTÜR
für
WEIHNACHTEN
48 ZAUBERHAFTE
Ideen, Vorlagen und
Streiche
Pro Famalia
VERLAG
SABRINA HANSLIAN
ILLUSTRATORIN: KHAYALA ALIYEVA

Impressum

Autorin: Sabrina Hanslian
Lektorat/ Korrektorat: Caroline Dey
Buchsatz: www.fiverr.com
Layout: Khayala Alieva
Umschlaggestaltung: Khayala Alieva

1. Auflage 2022

wird vertreten durch den
Pro-Famalia-Verlag

Oliver Hanslian
Wilhelm-Busch-Weg 9
28329 Bremen

Kontakt: info@famalia.de

ISBN: 978-3-9823842-3-8

 Bibliografische Information der Deutschen Nationalbibliothek: Die Deutsche Nationalbibliothek verzeichnet diese Publikation in der Deutschen Nationalbibliothek; detaillierte bibliografische Daten sind im Internet über http://dnb.d-nb.de abrufbar

Besuchen Sie uns auf:
www.pro-famalia-verlag.de

Printed in Poland
by Amazon Fulfillment
Poland Sp. z o.o., Wrocław

12313902R00072